숨은 그림 찾기 원정대

03
세계축제 하

유재영 지음

온가족이 함께 세계 문화 여행 떠나요!

슬로래빗

 **등장인물**

이번엔 세계 축제다!
세상에 얼마나 많은 축제가 있는지
숨은그림찾기로 알아볼까?

차비

호기심 만큼이나 겁도 많은 주인공 차비.
세계 각지를 여행하며 겪는 새로운 경험에
언제나 신이 난다. 의욕만큼 아직
몸이 따라 주지 않는 것이 문제랄까?

펭이

모르는 게 없는 척척박사.
소심한 성격에 잘난 척이 심하지만
퀴즈를 통해 일행의
지적 수준을 높이고 있다.
(믿거나 말거나;;)

기상천외한 이색 대회까지!
백문이불여일견! 별별 이색 대회는
다른그림찾기에서 만나 보자!

도전

소은

차비와는 어린이집 때부터 함께했다.
적극적인 성격으로 소심한 차비를 부추겨
다양한 축제와 이색 대회로 이끈다.
티격태격하면서도 같이 울고 웃는 단짝 친구.

뚱이

뚱이에게 세상은 두 가지로 나뉜다.
먹을 수 있는 것과 먹을 수 없는 것.
먹는 것 이외에는 딱히 관심을 보이는 것이 없고
세계 여행의 목적도 오직 먹기 위해서다!

남아프리카공화국을 끝으로 세계 축제 여행의 반환점을 돈
차비, 소은, 펭이, 뚱이 일행은 유럽행 크루즈에 올랐다.
길고 지루한 항해 끝에 드디어 도착한 유럽!

이곳에선 또 얼마나 멋진 축제들이 펼쳐질까?
얼마나 황홀한 음식을 맛볼 수 있을까?
일행은 한껏 기대에 부풀어 발을 내딛게 되는데…

등장인물 · 2
프롤로그 · 4
에필로그 · 108
숨은그림찾기 정답 · 110
다른그림찾기 정답 · 114

01 스페인 · 8

숨은그림찾기 팜플로나 **산 페르민 축제** · 10　이비 **밀가루 싸움 축제** · 11　카스트릴로데무시아 **아기 뛰어넘기 축제** · 12
발렌시아 **불꽃 축제** · 13　**다른그림찾기** 빌바오 **얼굴 찌푸리기 대회** · 14　**퀴즈타임** 만화로 푸는 **여행 상식** · 16

02 북 · 서유럽 · 18

숨은그림찾기 스웨덴 **하지 축제** · 20　벨기에 붐 **EDM 페스티벌** · 21　영국 에든버러 **프린지 축제** · 22
영국 스코틀랜드 **하일랜드 게임** · 23　**다른그림찾기** 영국 더비셔 **발가락 씨름 대회** · 24　**퀴즈타임** 만화로 푸는 **여행 상식** · 26

03 동 · 서유럽 · 28

숨은그림찾기 오스트리아 **보디페인팅 축제** · 30
　　　　　　　오스트리아 **크람푸스 유령 축제** · 31
　　　　　　　루마니아 포에나리 **드라큘라 축제** · 32
　　　　　　　프랑스 망통 **레몬 축제** · 33
다른그림찾기 프랑스 트리수르베즈 **돼지 흉내내기 대회** · 34
퀴즈타임 만화로 푸는 **여행 상식** · 36

04 이탈리아 · 독일 · 38

숨은그림찾기 이탈리아 베네치아 **베네치아 카니발** · 40
　　　　　　　이탈리아 이브레아 **오렌지 전투 축제** · 41
　　　　　　　이탈리아 몬테피아나 **하이라인 미팅** · 42
　　　　　　　독일 뮌헨 **맥주 축제** · 43
다른그림찾기 독일 **익스트림 다림질 대회** · 44
퀴즈타임 만화로 푸는 **여행 상식** · 46

05 러시아 · 48

숨은그림찾기 마슬레니차 전통 축제 · 50
비보르크 메이 트리 축제 · 51
모스크바 좀비 퍼레이드 · 52
상트페테르부르크 백야 축제 · 53
다른그림찾기 베레즈니키 모기 물리기 대회 · 54
퀴즈타임 만화로 푸는 여행 상식 · 56

06 캐나다 · 알래스카 · 58

숨은그림찾기 알래스카 앵커리지 모피 랑데부 · 60
캐나다 오타와 윈터루드 · 61
캐나다 옐로나이프 스노우킹 페스티벌 · 62
캐나다 마혼베이 허수아비 축제 · 63
다른그림찾기 캐나다 유콘 국제 얼음 머리 경연대회 · 64
퀴즈타임 만화로 푸는 여행 상식 · 66

07 미국 Ⓐ · 68

숨은그림찾기 코니아일랜드 인어 축제 · 70
네바다 버닝맨 축제 · 71
핼러윈 축제 · 72
로스웰 유에프오 축제 · 73
다른그림찾기 악취 운동화 선발대회 · 74
퀴즈타임 만화로 푸는 여행 상식 · 76

08 미국 Ⓑ · 78

숨은그림찾기 앨버커키 국제 열기구 축제 · 80
뉴욕 추수감사절 퍼레이드 · 81
플로리다 수중 음악 축제 · 82
텍사스 튜빙 축제 · 83
다른그림찾기 뉴욕 자동차 축구 대회 · 84
퀴즈타임 만화로 푸는 여행 상식 · 86

09 라틴아메리카 Ⓐ · 88

숨은그림찾기 멕시코 죽은 자의 날 · 90
멕시코 우아만틀라 색모래 카펫 축제 · 91
케이맨제도 해적 축제 · 92
바하마 준카누 축제 · 93
다른그림찾기 콜롬비아 산안테로 당나귀 화장 대회 · 94
퀴즈타임 만화로 푸는 여행 상식 · 96

10 라틴아메리카 Ⓑ · 98

숨은그림찾기 페루 쿠스코 인티라이미 · 100
아르헨티나 부에노스아이레스 탱고 축제 · 101
브라질 리우데자네이루 리우 카니발 · 102
볼리비아 오루로 오루로 카니발 · 103
다른그림찾기 파라과이 뚱보 대회 · 104
퀴즈타임 만화로 푸는 여행 상식 · 106

빌바오 얼굴 찌푸리기 대회

그야말로 얼굴 근육을 자유롭게 움직여 얼굴을 최대한 일그러뜨리고 못생기게 만드는 게 이 대회의 목표야. 이 특이한 대회가 무려 700년 동안 이어져 왔다니 놀랍지? '우스꽝스러울수록 더 좋다.'가 이 대회의 표어라니, 이 대회에서만큼은 잘생긴 사람들이 쩔쩔매겠네!

©Celestebombin

카스트릴로데무시아 아기 뛰어넘기 축제

악마로 분장한 사람이 아기를 뛰어넘는다고? 좀 위험할 것 같지 않아? '엘 콜라초'라고 부르는 이 축제는 아기에게서 악마를 쫓아낸다는 의미가 있대. 그래야 아기가 건강하게 자랄 수 있다고 믿는 거야. 400년 전부터 시작했고, 참가하는 부모님도 아기도 표정이 밝다고는 하지만 논란이 있는 전통이야.

팜플로나 산페르민 축제

매년 7월 6일이면 수호성인 '산 페르민'을 기념하기 위해 축제를 열어. 팜플로나 시청에서 축포를 쏘면 흰 윗옷에 빨간 스카프를 두른 사람들이 축제를 시작해. 가장 인기 있는 건 '소몰이 행사'야. 난폭한 소들을 투우장으로 몰아가는 행사인데 사람들이 다치기도 해. 헤밍웨이의 소설에 이 축제가 등장해서 세계적으로 더 유명해졌다는군!

발렌시아 불꽃 축제

매년 3월이면 발렌시아주의 여러 도시에서 열리는 봄맞이 축제야. 발렌시아의 수호성인 성모 마리아께 꽃을 바치고 감사를 드리며 불꽃놀이를 하는 거야. 마지막 날에는 축제 내내 함께한 거대한 인형들을 모두 모아 불태운대. 원래는 목수들이 겨울 동안 묵은 옷과 나무 기둥들을 태운 데서 시작됐다고 해.

유네스코 문화유산으로도 등재되었어.

이비 밀가루 싸움 축제

'엘 센파리나츠'라고 부르는 이 축제는 밀가루, 달걀을 서로에게 던지고 폭죽도 터뜨리며 난장판을 벌여. 알리칸테의 '이비'라는 마을에서 200년 동안 이렇게 축제를 벌였대. 매년 12월 28일이면 눈이 오지 않아도 마을이 온통 하얗게 되겠지? 축제에 참가하지 않은 사람들은 벌금을 내야 해. 그 돈을 자선단체에 기부한다니 불평도 못 하겠지?

팜플로나 산 페르민 축제

건전지, 등산용 지팡이, 문어, 새, 숫자 7, 스포이트,
알파벳 K, 이빨, 젖병, 크래커

▶ 정답 p.110

이비 밀가루 싸움 축제

공깃밥, 권투 장갑, 금붕어,
라면 사리, 숫자 3, 알파벳 F, 양말, 오리, 조개, 한반도 지도

▶ 정답 p.110

카스트릴로 데무시아 아기 뛰어넘기 축제

깃대(깃발을 매는 장대), 돋보기, 생선뼈, 샤프, 손전등, 숫자 2,
알파벳 A, 여우, 콩나물, 핫도그

▶ 정답 p.110

발렌시아 불꽃 축제

낚싯바늘, 드라이버, 물개, 버섯, 부메랑,
사다리, 숫자 5, 알파벳 E, 해마, 호두

▶ 정답 p.110

13

빌바오 얼굴 찌푸리기 대회

▶ 정답 p.114

총 10개의 다른 부분을 찾아보세요.

영국 스코틀랜드 하일랜드 게임

스코틀랜드의 옛 문화를 느껴 볼 수 있는 전통 축제야. 통나무 들어 올리기, 해머던지기 같은 힘겨루기 부문과 백파이프 연주와 전통 춤 부문 등이 있어. 이 축제에서는 민속 의상인 킬트(치마)를 입은 남자들도 볼 수 있어. 또 이곳의 대표 음식인 해기스도 맛볼 수 있는데, 꼭 우리나라 순대랑 비슷해.

3전 2승제로 오른발, 왼발, 오른발 순서로 치러져!

영국 더비셔 발가락 씨름 대회

발가락으로 어떻게 씨름을 하냐고? 이래 봬도 영국에서 40년 넘게 해마다 치러지는 대회야. 서로 엄지발가락을 걸고 힘을 겨루는 건데 간혹 발가락이 부러지는 사고도 발생해. 이 대회에선 발가락이 짧고 통통해야 유리하대! 올림픽 정식 종목으로도 채택해 달라고 신청했는데 거절당했다나 뭐라나.

©Caravanum

스웨덴 하지 축제

'하지'는 낮의 길이가 가장 긴 날이 야. 매년 6월이면 스웨덴에서는 15 미터나 되는 나무 기둥을 꽃과 나뭇 잎 등으로 장식해. '하지 기둥'이라 는 뜻의 '미드솜마르스통'으로 부른 대. 사람들은 민속 의상을 입고 화관 을 쓰고는 기둥을 빙빙 돌며 노래하 고 춤을 춰. 스웨덴은 겨울이 길고 겨 울 동안 낮이 대여섯 시간밖에 안 돼 서 이렇게 햇빛이 풍부한 여름이 오 면 축제를 여는 거래.

영국 에든버러 프린지 축제

스코틀랜드 에든버러에서 열리는 세계 적인 공연 예술 축제야. '프린지'는 '주 변, 언저리'라는 뜻인데, 말처럼 에든 버러 축제에 선택받지 못한 예술가들 이 축제 기간 동안 자기들만의 자투리 공간을 마련해 참신한 공연을 펼친 것 에서 비롯됐어. 참가비만 내면 누구나 공연할 수 있어서 지금은 에든버러 축 제의 어엿한 중심으로 자리 잡았대.

©Oscar Ibarra Saldivar

벨기에 붐 EDM 페스티벌

'투모로우랜드'라고 부르는 음악 축제야. 벨기에의 소도시인 붐에서 열리는데 세 계 최대 규모의 무대와 관중, 화려한 볼거 리와 즐길 거리로 놀이공원에 온 듯한 느 낌이 들게 한대. 원래 EDM(Electronic Dance Music)은 클럽이나 파티에서 춤을 추기 위해 DJ가 즉석에서 제작하던 것이 었는데 이제는 음악의 한 장르가 되었어.

가위, 나비, 다리미, 면봉, 삼각자, 숫자 1,
알파벳 S, 장도리, 쥐, 쭈쭈바

▶ 정답 p.110

벨기에 붐 EDM 페스티벌
빠—빠라바밥

몽당연필, 바가지. 밤, 소시지, 알파벳 D, 열대어,
장도리, 초밥, 푸들, 한자 人(사람 인)

▶ 정답 p.110

영국 에든버러 프린지 축제

립스틱, 망치, 몽당연필, 바나나, 배드민턴 공,
숫자 3, 알파벳 H, 야구 글러브, 오징어, 회오리 사탕

▶ 정답 p.110

영국 스코틀랜드 하일랜드 게임

깃털, 망치, 면봉, 박쥐, 병따개, 새, 숫자 9,
알파벳 R, 야구 방망이, 팔분음표(♪)

▶ 정답 p.110

▶ 정답 p.114

여기서 퀴즈타임

이야~

정말 아까웠어.
결승까지 갔는데.

안 되겠어.
발가락을 단련해서
다음에 다시
출전해야겠어.

아우

자, 아쉬움은 잠시 접고
퀴즈에 집중하자고!

오늘
상품은
기대해도
좋아.

그런데 발가락을 어떻게 단련하지?

일 년 중 낮이 가장 긴 날은…

정답!
하지!

..오~

하지입니다. 그렇다면
밤이 가장 긴 날은?

…

문제를
끝까지
들어야지.

이보게 친구. 우리는 뜻을 같이한 '동지' 아닌가.
힌트를 좀 주게나.

탁

방금 자기들 입으로
정답을 말해 놓고…

힌트는
'팥죽 먹는 날'

통과!

팥 죽쳐…

정답은 □□ 입니다.

다음 퀴즈 나갑니다.

자, 이번 퀴즈를 맞히면 여러분들이 좋아하는 피자 한 판이 나갑니다!

쿵

저런 게 어디서 났다냐~

이것은 어떤 나무의 열매로, 음식을 만들 때 쓰는 식용유의 원료 중 하나입니다.

우리나라 사람들이 김치를 먹듯 유럽 사람들은 이것을 많은 음식에 곁들여 먹기도 하는데요.

□□□

힌트 주세요~

이건 꼭 맞혀야 돼.

피크닉 ② 치동① (세로)

지금 이 피자에도 들어가 있습니다.

정답은 □□□ 입니다.

땡

정답! 소시지!

그럼 이건 내가 다 먹겠…

안 돼!

뚱! 펭이 다리 꽉 잡아.

으악! 사람… 아니 펭귄 살려~

27

프랑스 트리수르베즈
돼지 흉내내기 대회

프랑스 피레네산맥 근처의 작은 마을에서는 40여 년이 넘도록 열리는 독특한 축제가 있어. 바로 돼지의 울음소리를 누가 가장 잘 흉내 내는지 겨루는 대회야. 이 대회에 참가하는 사람들은 돼지 분장을 하고 돼지의 한평생을 표현해 내. 아기 돼지의 탄생부터 도살장에 끌려가기까지를 말이야. 인구가 800여 명인 이곳에 대회가 열리면 돼지 울음소리를 듣기 위해 전 세계에서 찾아온대.

참가불가

축제 때는 레몬이 모자라 수입까지 한대!

프랑스 망통 레몬 축제

지중해와 맞닿아 있는 망통은 프랑스 남부의 대표적인 휴양지야. 이곳에서는 매해 2~3월이면 지역 특산물인 레몬을 이용해 80년 넘게 축제를 벌이고 있어. 145톤이나 되는 레몬과 오렌지 등을 이용해 만든 커다란 조형물과 전통 의상을 입은 주민들의 거리 행진이 아주 볼만하대.

오스트리아 **크람푸스 유령 축제**

1500년 역사를 가진 전통 축제로 '성 니콜라스 데이'로 부르기도 해. 12월이 오면 산타클로스의 기원이라고 알려진 성 니콜라스와 '크람푸스'라는 뿔이 난 털북숭이 괴물이 거리를 돌아다녀. 착한 아이한테는 선물을 주고 나쁜 아이한테는 몽둥이로 겁을 준다니 모두 착한 아이로 변신할 준비 됐니?

루마니아 포에나리

드라큘라 축제

드라큘라로 축제를 벌이다니 정말 겁도 없지? 하지만 루마니아에선 드라큘라가 무서운 흡혈귀가 아니라 실제 역사 속에서 전해져 내려오는 훌륭한 군주래. 그래서 매해 드라큘라 백작이 살았던 포에나리성 부근에서 드라큘라 축제를 열어 감사를 표시한대. 이곳에서는 드라큘라를 흡혈귀라고 하면 싫어한다니 잊지 마!

오스트리아 **보디페인팅 축제**

보디페인팅은 인간의 몸을 캔버스로 삼아 그림을 그리는 예술이야. 오스트리아에선 매년 7월이면 전 세계 예술가들과 모델들이 모여 화려한 작품을 만들어. 모델의 몸에 작품을 완성하려면 길게는 6시간이 걸린대. 머리부터 발끝까지 모두 다르게 생긴 사람들이 화려한 색으로 덧입혀지는 광경도 정말 볼만할 것 같아!

오스트리아 보디페인팅 축제

꽈배기, 뚫어뻥, 배추, 병아리, 숫자 2,
알파벳 B, 열대어, 올챙이, 푸들, 해골

▶ 정답 p.111

오스트리아 크람푸스 유령 축제

늑대, 단풍잎, 도토리, 멸치, 목발, 숫자 6,
알파벳 b, 우산, 펭귄, 포크

높은음자리표(♪), 못, 반지, 손거울, 숫자 8, 알파벳 T, 우산,
종이배, 종이비행기, 회오리 사탕

▶ 정답 p.111

프랑스 망통 레몬 축제

고추, 공깃밥, 권총, 땅콩, 만두, 붕어빵,
알파벳 E, 오리, 요리사 모자, 한자 天(하늘 천)

▶ 정답 p.111

프랑스 트리수르베즈

돼지 흉내내기 대회

▶ 정답 p.115

여기서 퀴즈타임

우왕

불공평해~

왜 나는 참가 불가야!

차라리 사람으로 변장을 하지..

다독

돼지 흉내 내기인데 네가 하면 반칙이지.

자, 오늘 퀴즈 맞히면 내가 유럽 전통 치즈를 원 없이 먹게 해 줄게.

첫 번째 퀴즈!

이것은 치즈를 숙성할 때 치즈의 표면에 푸르스름하게 생기는 것입니다.

우리나라 전통 발효 식품인 '메주'를 만들 때도 이것이 생기는 것을 볼 수 있습니다.

짠

□□□

자! 이것은 무엇일까요?

정답!

유산균!

빠밤

요구르트 만드냐? 차라리 힌트를 달라고 할 것이지…

정답은 □□□ 입니다.

04 이탈리아 · 독일

이탈리아 이브레아
오렌지 전투 축제

설마 오렌지를 던지며 싸움을 하냐고? 응, 맞아! 헬멧을 쓴 군대 팀과 시민 팀이 있어. 그저 지켜보기만 하려면 빨간 모자를 쓰면 돼. 이 축제는 중세 시대 이브레아 지방의 난폭한 영주에게 시민들이 맞서 싸운 것에서 비롯됐어. 매해 3월이면 열리는데 딱딱하게 언 오렌지 때문에 부상자도 나온대.

이탈리아 몬테피아나 **하이라인 미팅**

축제 이름이 참 어렵지만 내용은 간단해. 알프스산맥에 있는 몬테피아나산 허공에 줄을 걸고 해먹을 설치해. 그 해먹에서 먹고 자고 노는 게 이 축제에서 할 일이야. 물론 고소공포증이 없고 스릴을 즐기며 알프스산맥의 아름다운 경치를 즐길 사람들만 참여할 수 있겠지?

©Phil Shaw

독일 익스트림 다림질 대회

고속도로 한복판에서, 스노보드를 타며, 물구나무를 서서, 허공에 매달리고, 스카이다이빙을 하며, 사막에서, 심지어 물속에서 뭘 하냐고? 바로 다림질이야. 1997년 영국의 한 청년의 도전에서 시작되었고, 독일에서 국제 대회로 발전하면서 점점 극한 상황에서 얼마나 창의적으로 다림질하느냐로 심사하게 된 거래. 대회에 참가하려면 원하는 장소에서 촬영한 영상과 사진을 제출하면 된대!

독일 뮌헨 맥주 축제

'옥토버페스트'라고도 부르는 이 축제는 원래 왕세자의 결혼식 축하연에서 시작됐대. 뮌헨 지역의 특산품인 맥주가 주인공이 되며 세계적으로 유명해졌어. 매년 9월 말에서 10월 초 독일인과 전 세계에서 온 관광객들은 이때 약 700만 잔에 달하는 맥주를 마신대!

이탈리아 베네치아 베네치아 카니발

카니발은 원래 그리스도교의 축제로 여러 나라에서 열려. 축제가 끝나면 부활절까지 40일 동안 고기도 멀리하며 금욕적으로 생활해야 해서 카니발을 더욱 화려하게 즐기게 되었어. 그중 베네치아 카니발은 '가면 축제'로 유명해. 가면무도회는 물론이고 평상시에 가면을 쓰고 다니는 전통이 있었기 때문에 베네치아에는 가면 제작자와 가면 가게가 많대.

이탈리아 베네치아 베네치아 카니발

좌라라

나비, 방울토마토, 성냥개비, 숟가락, 숫자 1,
알파벳 V, 연필, 왕관, 하트, 해마

▶ 정답 p.111

눈사람, 달걀프라이, 막대사탕, 머그컵, 병아리, 숫자 2, 알파벳 A, 여우,
체스 말(성 모양의 룩), 태극 문양

▶ 정답 p.111

이탈리아 몬테피아나 하이라인 미팅

막대 아이스크림, 바나나, 발바닥, 뼈다귀, 숫자 4, 알파벳 B, 외계인 얼굴, 익룡,
잠자는 달님, 하키채

▶ 정답 p.111

독일 뮌헨 맥주 축제

GERMANY

고추, 구운 가래떡, 병따개, 숫자 4,
알파벳 Z, 자, 지렁이, 촛불, 태극 문양, 화살표

▶ 정답 p.111

독일 익스트림 다림질 대회

▶ 정답 p.115

여기서 퀴즈타임

으아악!
이번에도
너무 아까웠어.

우리 펭이
정말 잘했는데…

번쩍

다음
이색대회
에는
날
단독 출전
시켜 줘.
내 반드시
우승을
…

알았어.
차비 너만 믿을게.

자! 퀴즈 나갑니다.

이것은 바다에 돌출한
육지 부분을 이르는 말입니다.

□□

퀴즈를 맞히면
오렌지를 먹을 수 있습니다.

오렌지 전투에서
주워 온 오렌지

우리나라도 이 지형에 속해
'한□□'라고 불리지요.

힌트를 너무 많이 줬나.

다음.

통과 통과 통과

쿵

46

정답은 ☐☐ 입니다.

이 경기는 무엇일까요?

다음 퀴즈!

BC 490년 아테네가 페르시아를 물리치고 전쟁에서 승리했다는 소식을 전하기 위해 이 이름의 평원에서 아테네까지 약 40km나 되는 거리를 달린 것이 기원이라고 합니다.

하 하

☐☐☐

힌트!

힌트! 하지 마라 마라~ 마라~

정답! 마라탕… 읍…

마라톤!

마라톤! 정답입니다. 퀴즈를 맞혔으니 마라톤 출전권을 줄게. 오렌지 먹고 마라톤 경기 나가자.

딩 동 댕 동

깜짝

너나 오렌지 먹고 마라톤 나가라!

퍽

퍽

또다시 오렌지 전투의 시작인가?

05 러시아

상트페테르부르크 백야 축제

상트페테르부르크는 북위 약 60도로 그린란드나 알래스카와 위도가 비슷해. 이들 지역은 5~7월 동안 밤 11시가 넘어야 해가 지고 새벽 2시쯤 다시 뜨는 백야(하얀 밤) 현상이 있어. 백야를 맞아 곳곳에서 다양한 축제가 열리는데 상트페테르부르크가 가장 유명해. 강 위로 붉은 돛을 단 배가 등장하며 화려한 불꽃놀이가 펼쳐지는 광경이 정말 볼만하대.

비보르크 메이 트리 축제

'메이 트리'는 '5월의 나무'란 뜻으로 러시아 말로는 '마이스코예 제레버'라고 해. 중세 시대 옷을 입은 사람들이 우리나라의 강강술래와 비슷한 춤을 추기도 하고, 검술 시합, 활쏘기, 중세 기사단 등도 볼 수 있어. 러시아의 오래된 전통 축제라기보다는 상트페테르부르크 근처 비보르크의 옛 성에서 진행되는 지역 축제래.

마슬레니차 전통 축제

그리스도교의 카니발처럼 러시아정교회가 사순절(부활절 전 40일 동안의 기간) 전에 벌이는 봄 축제야. '마슬레니차'는 버터를 뜻하는 러시아 말 '마슬로'에서 유래됐대. 버터를 넣어 만든 러시아식 팬케이크 '블린'을 축제 기간에 마음껏 먹을 수 있기 때문이야. 마지막 날에는 지푸라기 인형을 태우는 것으로 축제를 마무리한대.

베레즈니키 모기 물리기 대회

우랄산맥에 있는 도시 베레즈니키에서는 매년 7월이 되면 누구 피가 가장 맛있는지 겨루는 대회가 열려. 피 맛을 보는 건 바로 '모기'야! 제정신이냐고? 물론 재미를 위해서야. 참가자들은 모기에 잘 물리도록 20분 동안 팔다리를 훤히 내놓고 있대. 제일 많이 물린 사람이 제일 맛있는 피를 가진 사람이 되는 거라나 뭐라나!

모스크바 좀비 퍼레이드

좀비는 러시아뿐만 아니라 전 세계적으로 영화나 드라마의 단골 캐릭터라 관련한 퍼레이드와 축제가 많아. 그런데 그중 가장 꾸준히, 열심히 좀비를 흉내 내는 건 모스크바 젊은이들이래. 좀비 퍼레이드가 벌어지는 아르바트 거리는 플래시몹(정해진 시간과 장소에 모여 특정한 행위를 하고 흩어지는 것)으로 유명하대.

마슬레니차 전통 축제

강아지, 건빵, 김밥, 당근, 두더지,
성냥개비, 숫자 2, 스페이드, 알파벳 P, 지렁이

▶ 정답 p.111

비보르크 메이 트리 축제

가오리, 가지, 물고기, 숫자 7, 스포이트, 알파벳 F, 이빨,
작살, 종이배, 카드 봉투

▶ 정답 p.112

모스크바 좀비 퍼레이드

고추, 도토리, 마늘, 마이크, 면봉, 숫자 4,
알파벳 H, 일회용 면도기, 촛불, 효자손

▶ 정답 p.112

상트페테르부르크 백야 축제

귀이개, 네잎클로버, 마우스,
사냥총, 사람 눈, 숫자 6, 알파벳 S, 주사기, 칼, 해골

▶ 정답 p.112

베레즈니키 모기 물리기 대회

▶ 정답 p.115

총 10개의 다른 부분을 찾아보세요.

여기서 **퀴즈타임**

야!

아 미안…

그래도 풋…
우승… 풋… 했잖아…

글썽

너 한번 밤송이에
찔려 볼래?

슬픈 생각
하자.

아이고
눈탱이가
밤탱이가 됐네.

어떡해.
화내는
모습도 웃겨
어쩌재.

풋

자! 자! 퀴즈 시작합니다.

이것은 러시아를 대표하는 술입니다.

시베리아의 혹독한 추위를 견뎌 내기 위해
탄생했는데요. 물처럼 투명한 색이지만,
알코올 도수가 아주 높다고 합니다.

□ □ □

번쩍

힌트!

보드

자, 둘을 합쳐 봐.

Car

답을
거저 준다.

정답! 카보드.

정답은 ☐☐☐ 입니다.

또 방심
했어. ...

다음 퀴즈!

이것은 '얇은 판자'라는 스칸디나비아 말에서
유래했다고 합니다.

고대 스칸디나비아반도의 눈이 많은 산악 지역에서 이동과 사냥을
위해 타기 시작했다고 전해집니다.

오늘날엔 대표적인
겨울철 레저 스포츠로 즐기는
이것은?

힌트!

'스' 자와 '키' 자가 만나면?

이것도
틀리면…

① 퍼드카 ② 스키

정답!
키스…
웁…

정답!
스키.

또 틀리면
펭이
화
내겠
다.

스키! 정답입니다.
자! 그럼 야간 스키 타러 가자.

꺄

야호!

뭐가
보여야
타지…

06 캐나다·알래스카

알래스카 앵커리지
모피 랑데부

겨울이 긴 알래스카 앵커리지에서 봄이 빨리 오기를 바라는 마음으로 벌이는 축제가 있어. 모피가 알래스카의 생활필수품이던 시절인 1935년경에 모피를 사고팔며 이색적인 경기도 진행하면서 시작되었대. 그중 순록과 함께 달리기는 어린아이부터 노인에 이르기까지 큰 즐거움을 주는 이벤트래.

©The Alaska Landmine

Sale!

©takhini hot pools

캐나다 유콘 국제 얼음 머리 경연대회

머리카락이 고드름이 되는 순간을 서로 뽐내는 대회가 있다! 캐나다 유콘주에 있는 온천에서 매년 2월에 열리는 대회야. 온천에 몸을 푹 담그고 머리만 빼낸 뒤 60초 후 머리카락들이 얼마나 멋지게 얼었는지를 겨루는 거야. 온천물은 40도, 바깥 공기는 영하 30도라니 더운 걸까, 추운 걸까!

캐나다 옐로나이프 **스노우킹 페스티벌**

옐로나이프는 북극권과 가까워 '오로라의 도시'로 알려져 있어. 미국항공우주국(NASA)이 오로라를 가장 쉽게 볼 수 있는 곳으로 이곳을 선정했다니, 말 다했지? 매년 3월 축제 기간에는 눈으로 거대한 성을 짓고, 호수 주변에서 스노모빌, 얼음낚시 등 다양한 겨울 놀이 체험도 가능하대. 그때만 오로라를 볼 수 있냐고? 옐로나이프에선 1년에 240일 이상 오로라를 볼 수 있으니 걱정 마!

캐나다 오타와 **윈터루드**

매년 2월 캐나다 오타와에서는 3주 동안 축제가 열려. 겨울 축제인 만큼 눈, 얼음 조각 대회나 스케이트 경주가 벌어져. 리도 운하라는 곳은 축제 기간 동안 세계에서 가장 큰 스케이트장과 공연장으로 변신한대. 12명의 선수가 한 팀을 이루는 드래곤 보트 경기도 얼음 위에서 열리는데, 스케이트처럼 날이 달린 보트라 꼭 얼음 썰매 같아.

캐나다 마혼베이 **허수아비 축제**

마혼베이는 인구가 천 명 정도인 작고 조용한 바닷가 마을이야. 그런데 허수아비 축제를 하는 기간엔 관광객들이 주민 수보다 훨씬 더 많이 찾아온다고 하니 꽤 인기 있는 축제인가 봐. 허수아비는 동화 주인공이나 유명인을 모델로 만들어서 마을 곳곳에 세워 놓는대.

알래스카 앵커리지 모피 랑데부

고추, 드라이버, 땅콩, 못, 물음표, 바나나, 숫자 7,
알파벳 F, 열쇠, 종이배, 칠판지우개

▶ 정답 p.112

네잎클로버, 뚫어뻥, 립스틱, 머그컵,
사다리, 솜사탕, 지우개, 쭈쭈바, 한자 火(불 화), 화분

캐나다 옐로나이프 스노우킹 페스티벌

다이아몬드, 두루마리 휴지, 숫자 9, 스페이드, 알파벳 A, 야구모자, 오징어,
종이비행기, 트라이앵글, 화살표

▶ 정답 p.112

캐나다 마흔베이 허수아비 축제

등대, 말굽자석, 바게트(빵), 사탕, 삼각자, 스포이트, 식빵,
전기 플러그, 페인트 붓, 한자 月(달 월)

▶ 정답 p.112

캐나다 유콘 국제 얼음 머리 경연대회

▶ 정답 p.115

끽

에취!

아 아…

아유 간신히 떼었네.

저리 가.

내가 앞으로 너랑 뭘 같이 하나 보자.

흥! 누가 할 소리.

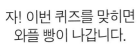

자! 이번 퀴즈를 맞히면 와플 빵이 나갑니다.

이 소설의 제목은 무엇일까요? 빨강 머리를 가진 주인공 앤 셜리의 성장을 다룬 소설로 드라마와 애니메이션으로까지 만들어졌다고 합니다.

□□□□□

힌트!

빨강 머리 앤 누구니?

정답!

빨강 머리 앤!

번쩍

딩동댕동

빨강 머리 앤! 정답입니다.

©clusternote

©Ryan/Debbie/Owen BuTeze

우리나라 새만금에서도 버닝맨을 본뜬 노마드 축제가 열려.

네바다 버닝맨 축제

매년 8월 말, 네바다주 사막에 '블랙록시티'란 도시를 세우고 일주일간 벌이는 예술 축제야. 참가하는 사람들은 모두 축제의 주인이 되어 창의적이고 예술적이며 독특한 아이디어를 선보여. 엿새째 되는 토요일 저녁엔 나무로 만든 거대한 인물상을 불태워서 '버닝맨'이란 축제가 된 거래. 축제가 끝나면 도시는 흔적도 없이 사라진대.

로스웰 유에프오 축제

유에프오(UFO, Unidentified Flying Object)를 풀이하면 '미확인 비행 물체'야. 1947년 로스웰에 유에프오가 떨어졌어. 이후로 지금까지 로스웰 유에프오와 외계인 시체에 관한 논란은 끊이질 않고 있어. 로스웰은 이런 논란에서 아이디어를 얻어 유에프오 박물관도 세우고 축제를 벌인 거야. 축제 때는 이색 복장 경연대회와 퍼레이드도 열린다니 한번 가 보고 싶지 않니?

악취 운동화 선발대회

1974년 한 운동화 업체에서 홍보를 위해 벌였던 대회를 이후 발 냄새 제거제 업체가 계속해서 이어오고 있대. 5~15세 사이의 어린이만 참여할 수 있어. 대부분 양말을 신지 않은 채 맨발로 운동화를 신었고, 몇 년간 운동화를 한 번도 빨지 않았대! 심사위원에 나사(NASA)의 화학물질 전문가, 심리 전문가가 있을 정도로 꽤 진지한 대회라나 뭐라나!

핼러윈 축제

10월 31일, 아이들이 유령 복장을 하고 이웃집을 다니며 과자나 사탕을 얻는 날이야. 이때 가정집에서는 호박에 눈, 코, 입을 파고 그 안에 등불을 밝히는 '잭오랜턴(Jack-O'-Lantern)'을 만들어 집을 장식해. 핼러윈은 원래 고대 켈트족이 죽은 영혼을 달래고 산 사람을 그들로부터 보호하는 풍습에서 유래했대.

코니아일랜드 인어 축제

뉴욕 브루클린 끝자락에 바다를 끼고 있는 코니아일랜드에는 놀이공원이 많아서 관광객도 많이 찾아온대. 이곳에서 본격적인 여름 더위를 알리기 위해 매해 인어 축제를 연다고 해. 사람들은 인어뿐 아니라 조개나 문어 등 다양한 바다 생물로 분장하고 퍼레이드에 참가한대. 꼭 바닷속 용궁 같겠다!

코니아일랜드 인어 축제 음악

달팽이, 모종삽, 부엌칼, 숫자 1, 스페이드,
아이스크림, 알파벳 M, 우주선, 조개, 화살

▶ 정답 p.112

네바다 버닝맨 축제

버닝맨이 불붙었다!

다이아몬드, 마스크, 배드민턴 공, 손거울,
악어, 알파벳 W, 올챙이, 칠판지우개, 카드 봉투, 태극 문양

▶ 정답 p.112

핼러윈 축제

고추, 당근, 머그컵, 바늘, 발자국, 별, 뼈다귀,
알파벳 F, 외계인 얼굴, 크래커

▶ 정답 p.113

로스웰 유에프오 축제

골프채, 다리미, 비커(실험용 유리그릇), 숫자 9,
알파벳 A, 압정, 음료수병, 작살, 커터칼, 포크

▶ 정답 p.113

악취 운동화 선발대회

▶ 정답 p.115

여기서 퀴즈타임

푸하하하하

아이고아이고 배야.

너 너무 웃겨~

계속 웃으면 오늘 퀴즈 상품인 햄버거, 내가 다 먹는다.

뚝

그만 웃어!

미안, 멈출 수가 없어.

첫 번째 퀴즈!

《오즈의 마법사》는 전 세계적으로 사랑받은 판타지 소설입니다.

자, 문제! 주인공 도로시가 토네이도에 휩쓸려 도착한

휘익 휘익

마법 대륙의 이름은 무엇일까요?

□□

다음 문제!

쿵

후후, 다음 퀴즈도 못 맞히면 이건 다…

깜짝

두 번째 퀴즈!

이번 퀴즈는 화폐 단위에 관한 문제입니다.

한국	중국	일본	유럽연합
₩	¥	¥	€	. . . .
원	위안	엔	유로

그렇다면 미국의 화폐 단위를 이르는 말은 무엇일까요?

또 혼자 먹으려는 속셈이야. 어려운 문제를 들고 나왔어.

$ □□

의심

특단의 조치를 …

힌트 좀 줘! 왕창~

비굴 비굴

그래, 마음 넓은 내가 은혜를 베풀지. 힌트 나갑니다.

햐

같이 먹자.

뚱이야, 펭이 잡아. 햄버거를 나눠 먹을 생각이 없는 거 같다.

달러? 뭐가 달러? 똑같잖아.

두둥

갑자기 웬 사투리…

잘 생각해 봐. 답을 다 알려 줬잖아. 달러? 뭐가 달러?…

① 지 ② 달러

77

08 미국 ⓑ

앨버커키 국제 열기구 축제

커다란 풍선 주머니를 열을 이용해 부풀려 띄우고 바람에 따라 날아다니는 게 열기구야. 매년 10월 뉴멕시코주 앨버커키에서 국제 열기구 축제가 열리는데, 처음엔 13개의 열기구로 시작했다가 얼마 안 있어 1,000개를 넘을 만큼 인기 있대. 착륙할 땅이 모자라 할 수 없이 600여 개로 제한하게 되었대. 하늘을 수놓은 다양한 열기구의 모습, 정말 멋있겠지?

텍사스 튜빙 축제

튜브에 몸을 띄우고 강을 떠다니며 노는 것을 '튜빙'이라고 해. 텍사스에는 강줄기가 많아 이런 튜빙이 꽤 인기가 있대. 축제에서는 캠핑과 콘서트도 같이 즐길 수 있어. 튜빙을 하다가 강가 바위에 긁히거나 멍들 수 있으니 조심해야 해. 그리고 텍사스의 강렬한 태양 때문에 선크림은 꼭 필요하대!

뉴욕 **자동차 축구 대회**

원격 조정 장난감도 아니고, 실제 사람이 운전하는 10대의 자동차로 축구공을 몰고 다니며 축구를 해. 축구공은 지름이 무려 2.4미터! 이 축구공을 막아 낼 골키퍼는 과연 누굴까? 바로 기다란 팔이 달린 굴착기야. 뉴욕에서 열리는 이 대회는 월드컵만큼 인기가 있대. 운전자의 운전 실력이 아주 빼어나야 사고가 안 나겠지?

뉴욕 **추수감사절 퍼레이드**

추수감사절은 미국의 최대 명절이야. 이날은 가족이 모여 한 해를 돌아보고 즐기는데, 5,000만 명 이상의 사람들이 TV로 뉴욕의 추수감사절 퍼레이드를 감상한대. 빌딩 높이의 대형 캐릭터 풍선들과 화려하게 장식된 차량, 밴드, 치어리더 등의 행진이 아주 장관이래!

플로리다 **수중 음악 축제**

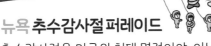

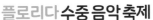

플로리다 앞바다 키스제도에는 국립 해양보호구역이 있어. 이곳 바닷속에서는 매해 잠수부들이 모여 음악회를 연대. 인어나 독특한 바닷속 생물로 변신한 잠수부들이 스피커를 암초에 설치하고는 산호나 물고기 모양의 악기를 들고 연주를 해. 이 축제는 산호초 생태계를 보호하자는 의미에서 시작되었대.

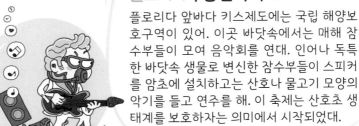

앨버커키 국제 열기구 축제

ㅇㅇㅇ...

둥

둥

건빵, 고래, 껌 종이, 밤, 백열전구, 숫자 5,
알파벳 e, 쥐, 팽이, 화분

▶ 정답 p.113

뉴욕 추수감사절 퍼레이드

눈사람, 느낌표, 삼각자, 아령, 알파벳 H,
젖병, 주름 빨대, 지우개, 창, 한자 土(흙 토)

▶ 정답 p.113

플로리다 수중 음악 축제

깔대기, 높은음자리표(𝄞), 배추, 산타모자, 쉼표,
알파벳 S, 여우, 열쇠, 유령, 한자 大 (큰 대)

▶ 정답 p.113

텍사스 튜빙 축제

과도, 도넛, 두루마리 휴지, 딸기, 똥,
반창고, 벙어리장갑, 알파벳 N, 오리발, 해마

▶ 정답 p.113

뉴욕 자동차 축구 대회

▶ 정답 p.115

너무 아까웠어.

캬

한 골만 더 넣으면 이기는 건데…

맞아. 공이 자동차 지붕 위로 올라가는 바람에…

자! 지난 일은 퀴즈 맞히고 빨리 먹자고~

첫 번째 퀴즈!

미국의 가장 큰 명절 중 하나인 추수감사절에 즐겨 먹는 대표적인 요리입니다.

오~

이 요리를 빼고 미국의 추수감사절을 말할 수 없죠.

이 요리는 무엇일까요?

초성이..

수군 수군

정답! 치키인!

땡

09 라틴아메리카Ⓐ

멕시코 죽은 자의 날

매년 11월 초, 죽은 사람들을 기리기 위한 전통 축제야. 멕시코 아즈텍 문명에서는 죽은 영혼이 1년에 한 번 가족과 친구를 찾아온다고 생각했다. 멕시코 사람들은 이날이 되면 집과 건물에 꽃과 해골 모양 과자로 장식한 제단을 준비해. 해골 모양 가면을 쓰고 묘지를 찾기도 하는데, 전통적으로 이들은 죽음 이후의 삶을 진짜 삶이라고 생각한대.

멕시코 우아만틀라 색모래 카펫 축제

멕시코의 우아만틀라 지역에선 매년 8월이면 7킬로미터가 넘는 꽃길이 펼쳐져. 이 꽃길은 염색한 톱밥으로 만드는데, 가톨릭의 '성모승천대축일'을 기념해 마을에서 성당까지 향하는 길에 카펫처럼 깔아 놓는 거래. 예술가와 마을 사람들이 힘을 합쳐 만들어 놓으면, 성모상을 든 수도승들이 이 꽃길을 밟고 성당으로 향한대.

©Cathy T

바하마 **준카누 축제**

카리브해에 위치한 섬나라인 바하마는 휴양지로 유명해. 그곳에서 열리는 전통 음악과 춤, 퍼레이드의 축제가 '준카누'야. 특히 독특한 가면을 쓰고 화려한 복장을 한 사람들이 '굼베이'라는 전통 타악기를 연주하며 춤추고 행진하는 것이 볼만하대.

흑인 노예들이 크리스마스 휴가를 즐기던 것에서 유래했어.

©Rennboot

케이맨 제도 **해적 축제**

카리브해에 위치한 이 섬은 영화 <카리브해의 해적들>의 배경이 될 정도로 옛날 이곳에서 활동했던 해적들로 유명해. '검은 수염'이란 해적이 그중 가장 전설적이래. 매년 11월이면 해적 축제가 열리는데, 해적을 테마로 한 춤, 게임, 스포츠, 퍼레이드 등으로 인기가 많대.

콜롬비아 산안테로 **당나귀 화장 대회**

옛날에는 기독교 종교의식에서 거행됐지만, 지금은 산안테로 지역의 관광 수입을 올려 주는 독특한 지역 축제로 탈바꿈했다. 당나귀에게 멋진 옷을 입히고 화장을 시켜 어떤 당나귀가 잘생기고 예쁜지 경연대회를 여는 거야. 사람들은 즐겁겠지만, 과연 당나귀들은 만족할지 모르겠군!

©Jmorelodiaz

멕시코 죽은 자의 날

각도기, 낚싯바늘, 네잎클로버, 물음표, 바람개비,
아이스크림, 알파벳 T, 일회용 라이터, 참외, 화분

▶ 정답 p.113

멕시코 우아만틀라 색모래 카펫 축제

가오리연, 도끼, 도넛, 물고기, 알파벳 M, 이빨,
젖병, 주사위, 코스모스꽃, 해마

▶ 정답 p.113

케이맨 제도 해적 축제

골프채, 권총, 낚싯바늘, 단추, 도장, 돌고래,
병따개, 숫자 5, 알파벳 Y, 크래커

▶ 정답 p.113

고슴도치, 드라이기, 보트, 부메랑, 빨래집게,
새, 숫자 3, 아령, 알파벳 X, 주사위

▶ 정답 p.114

▶ 정답 p.115

우리가 하지 말랬잖아!

횡

대회장에서 쫓겨나고 이게 무슨 DOG 망신이야!

우린 그냥 상품 타서 너희 주려고 그랬지.

너희 둘 오늘 퀴즈 못 맞히기만 해 봐.

첫 번째 퀴즈!

이 문명은 중앙아메리카에서 번성했던 고대 문명입니다.

언어 체계가 발달하고, 예술, 건축, 수학, 천문학 등 다양한 방면에서 뛰어난 문명을 이루었다고 합니다.

□□ 문명

미국

멕시코

?

힌트!

힌트! 첫 글자는 '마' 자로 시작합니다.

마□ 문명

쑥덕 쑥덕

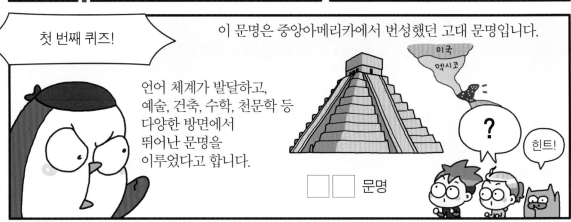

마 마 마… 마술 문명!

10 라틴아메리카⑧

페루 쿠스코 인티라이미

'인티라이미'는 '태양 축제'라는 뜻이야. 고대 잉카제국의 수도였던 쿠스코에서 1412년에 시작되었는데 당시엔 태양신을 숭배하는 춤과 의식이 10일 이상 이어졌다. 스페인이 페루를 지배하면서 중단되었다가 400여 년이 흐른 1944년이 되어서야 다시 개최되고 있어. 매년 6월 24일이면 어김없이 쿠스코 주변의 여러 부족들이 모여서 잉카제국의 문화를 전통적으로 재연하며 자긍심을 느낀대.

볼리비아 오루로
오루로 카니발

산악지대인 오루로에서는 잉카 문명 이전에 살았던 우루인들의 전통과 가톨릭 문명이 합쳐진 카니발이 진행돼. 퍼레이드에서는 전통 춤인 '디아블라다'와 민속 음악이 끊이질 않고, 화려한 민속 공예도 볼 수 있어. 디아블라다는 '악마 춤'이라고도 부르는데 댄서들이 입는 악마 가면과 의상 때문이래.

브라질 리우데자네이루 **리우 카니발**

브라질의 리우 카니발은 독일 뮌헨 맥주 축제, 일본 삿포로 눈 축제와 함께 세계 3대 축제로 꼽히는 인기 최고의 축제야. 특히 북과 노래와 춤으로 이루어진 '삼바' 리듬이 유명한데, 원래 아프리카 노예들의 음악이었어. 단 4일 동안 펼쳐지는 화려한 삼바 퍼레이드를 보러 전 세계에서 10만 명 이상이 리우데자네이루를 찾는다고 하니 정말 대단하지?

최대 6만 명이 들어가는 삼바 전용 공연장에서 열린대!

파라과이 **뚱보 대회**

파라과이는 전체 인구의 반 이상이 비만이래. 그래서인지 뚱보라고 놀림을 받아도 결코 주눅 들지 않는 여자들이 모인 대회가 있어. 바로 '미스 뚱보 대회'야. 70킬로그램 이상만 참가할 수 있고, 부상으로 헬스클럽 1년 무료이용권도 받는대. 무엇보다 뚱보에 대한 차별을 중지하고 자기 자신을 사랑하자는 주장이 너무너무 멋져!

아르헨티나 부에노스아이레스 **탱고 축제**

아르헨티나에선 전문가가 아니어도 '밀롱가'라는 클럽에서 남녀노소 누구나 탱고를 즐긴대. 부에노스아이레스가 탱고의 발상지라니 아르헨티나 국민들이 탱고를 얼마나 자랑스럽게 생각하고 사랑하는지 알겠지? 유네스코 세계문화유산으로 등재된 이 춤과 음악으로 매해 축제가 열리면서 열기는 더욱 뜨거워졌대!

페루 쿠스코 인티라이미

태양에 제사를 지내는 거래.

곰, 도끼, 레몬, 마이크, 반소매 티셔츠,
생선뼈, 숫자 7, 우주선, 종, 촛불

▶ 정답 p.114

권투장갑, 머그컵, 소시지, 숫자 6,
알파벳 A, 야구모자, 입술, 종이배, 핸드폰, 화살표

▶ 정답 p.114

감, 권총, 네잎클로버, 다이아몬드, 도마뱀,
알파벳 W, 양말, 오이, 장갑, 잭나이프(접이식 칼)

▶ 정답 p.114

볼리비아 오루로 오루로 카니발

금붕어, 다슬기, 배드민턴 공,
상어, 숫자 3, 스페이드, 알파벳 D, 열쇠, 요구르트병, 펭귄

▶ 정답 p.114

▶ 정답 p.115

총 10개의 다른 부분을 찾아보세요.

나 원 참!

와락

저런 말라깽이들을 뚱보대회에 내보내서 어쩌자는 거야!

우린 어쨌든 실컷 먹었다. ㅋㅋ

진정해 뚱이야. 퀴즈 맞히면 배 터지게 먹여 줄게.

큰일이다. 아무것도 없는데…

퀴즈 시작!

고!

첫 번째 퀴즈 나갑니다. 고대 잉카 문명에선 이것을 숭배했는데요.

맞히면 안 돼…

□□신

정답!

태야..

너희들은 조용히 해! 내가 맞힐 거야. 정답! 달님!

읍

읍

하늘에 떠서 온 세상을 비추는 이것!

정답은 □□ 입니다.

휴 다행이다.

두 번째 퀴즈!

이 작물은 무엇일까요?

이 작물은 아주 옛날부터 남아메리카 전역에서 재배되었습니다. 열매 하나에 많은 씨앗이 달려 있는데요.

번쩍

힌트!

오늘날엔 굽거나 삶아서 간식으로 먹으며 '옥' 자로 시작하는 세 글자!

탁 탁

옥옥옥…

정답! 옥동자!

쿵

정답은 □□□ 입니다.

휴~정말 지옥을 만나고 온 기분이야.

너무 실망하지 마. 뚱이야. 우리가 대회장에서 몰래 챙겨 왔어.

와

너희들은 정말 좋은 친구야. 펭이 빼고.

하 하

어쨌든 무사히 여행이 끝났다.

①대답 ②옥수수

어디선가 걸려 온 전화를 받고
놀라는 차비, 과연 무슨 일일까요?
다음 권에서 새로운 이야기를
확인해 보세요!

숨은그림찾기
정답

p.10

건전지, 등산용 지팡이, 문어, 새, 숫자 7,
스포이트, 알파벳 K, 이빨, 젖병, 크래커

p.11

공깃밥, 권투 장갑, 금붕어, 라면 사리, 숫자 3,
알파벳 F, 양말, 오리, 조개, 한반도 지도

p.12

깃대(깃발을 매는 장대), 돋보기, 생선뼈,
샤프, 손전등, 숫자 2, 알파벳 A, 여우,
콩나물, 핫도그

p.13

낚싯바늘, 드라이버, 물개, 버섯, 부메랑,
사다리, 숫자 5, 알파벳 E, 해마, 호두

p.20

가위, 나비, 다리미, 면봉, 삼각자, 숫자 1,
알파벳 S, 장도리, 쥐, 쭈쭈바

p.21

몽당연필, 바가지. 밤, 소시지, 알파벳 D,
열대어, 장도리, 초밥, 푸들, 한자 人(사람 인)

p.22

립스틱, 망치, 몽당연필, 바나나, 배드민턴 공,
숫자 3, 알파벳 H, 야구 글러브, 오징어,
회오리 사탕

p.23

깃털, 망치, 면봉, 박쥐, 병따개, 새, 숫자 9,
알파벳 R, 야구 방망이, 팔분음표(♪)

p.30

꽈배기, 뚫어뻥, 배추, 병아리, 숫자 2,
알파벳 B, 열대어, 올챙이, 푸들, 해골

p.31

늑대, 단풍잎, 도토리, 멸치, 목발, 숫자 6,
알파벳 b, 우산, 펭귄, 포크

p.32

높은음자리표(♪), 못, 반지, 손거울, 숫자 8,
알파벳 T, 우산, 종이배, 종이비행기,
회오리 사탕

p.33

고추, 공깃밥, 권총, 땅콩, 만두, 붕어빵,
알파벳 E, 오리, 요리사 모자, 한자 天(하늘 천)

p.40

나비, 방울토마토, 성냥개비, 숟가락, 숫자 1,
알파벳 V, 연필, 왕관, 하트, 해마

p.41

눈사람, 달걀프라이, 막대사탕, 머그컵,
병아리, 숫자 2, 알파벳 A, 여우,
체스 말(성 모양의 룩), 태극 문양

p.42

막대 아이스크림, 바나나, 발바닥, 뼈다귀,
숫자 4, 알파벳 B, 외계인 얼굴, 익룡,
잠자는 달님, 하키채

p.43

고추, 구운 가래떡, 병따개, 숫자 4,
알파벳 Z, 자, 지렁이, 촛불, 태극 문양, 화살표

p.50

강아지, 건빵, 김밥, 당근, 두더지,
성냥개비, 숫자 2, 스페이드, 알파벳 P, 지렁이

p.51

가오리, 가지, 물고기, 숫자 7, 스포이트, 알파벳 F, 이빨, 작살, 종이배, 카드 봉투

p.52

고추, 도토리, 마늘, 마이크, 면봉, 숫자 4, 알파벳 H, 일회용 면도기, 촛불, 효자손

p.53

귀이개, 네잎클로버, 마우스, 사냥총, 사람 눈, 숫자 6, 알파벳 S, 주사기, 칼, 해골

p.60

고추, 드라이버, 땅콩, 못, 물음표, 바나나, 숫자 7, 알파벳 F, 열쇠, 종이배, 칠판지우개

p.61

네잎클로버, 뚫어뻥, 립스틱, 머그컵, 사다리, 솜사탕, 지우개, 쭈쭈바, 한자 火(불 화), 화분

p.62

다이아몬드, 두루마리 휴지, 숫자 9, 스페이드, 알파벳 A, 야구모자, 오징어, 종이비행기, 트라이앵글, 화살표

p.63

등대, 말굽자석, 바게트(빵), 사탕, 삼각자, 스포이트, 식빵, 전기 플러그, 페인트 붓, 한자 月(달 월)

p.70

달팽이, 모종삽, 부엌칼, 숫자 1, 스페이드, 아이스크림, 알파벳 M, 우주선, 조개, 화살

p.71

다이아몬드, 마스크, 배드민턴 공, 손거울, 악어, 알파벳 W, 올챙이, 칠판지우개, 카드 봉투, 태극 문양

p.72

고추, 당근, 머그컵, 바늘, 발자국, 별, 뼈다귀,
알파벳 F, 외계인 얼굴 크래커

p.73

골프채, 다리미, 비커(실험용 유리그릇),
숫자 9, 알파벳 A, 압정, 음료수병, 작살,
커터칼, 포크

p.80

건빵, 고래, 껌 종이, 밤, 백열전구, 숫자 5,
알파벳 e, 쥐, 팽이, 화분

p.81

눈사람, 느낌표, 삼각자, 아령, 알파벳 H,
젖병, 주름 빨대, 지우개, 창, 한자 土(흙 토)

p.82

깔대기, 높은음자리표(♪), 배추,
산타모자, 쉼표, 알파벳 S, 여우, 열쇠, 유령,
한자 大 (큰 대)

p.83

과도, 도넛, 두루마리 휴지, 딸기, 똥,
반창고, 벙어리장갑, 알파벳 N, 오리발, 해마

p.90

각도기, 낚싯바늘, 네잎클로버, 물음표,
바람개비, 아이스크림, 알파벳 T,
일회용 라이터, 참외, 화분

p.91

가오리연, 도끼, 도넛, 물고기, 알파벳 M,
이빨, 젖병, 주사위, 코스모스꽃, 해마

p.92

골프채, 권총, 낚싯바늘, 단추, 도장, 돌고래,
병따개, 숫자 5, 알파벳 Y, 크래커

p.93

고슴도치, 드라이기, 보트, 부메랑, 빨래집게,
새, 숫자 3, 아령, 알파벳 X, 주사위

p.100

곰, 도끼, 레몬, 마이크, 반소매 티셔츠,
생선뼈, 숫자 7, 우주선, 종, 촛불

p.101

권투장갑, 머그컵, 소시지, 숫자 6, 알파벳 A,
야구모자, 입술, 종이배, 핸드폰, 화살표

p.102

감, 권총, 네잎클로버, 다이아몬드, 도마뱀,
알파벳 W, 양말, 오이, 장갑,
잭나이프(접이식 칼)

p.103

금붕어, 다슬기, 배드민턴 공, 상어, 숫자 3,
스페이드, 알파벳 D, 열쇠, 요구르트병, 펭귄

뒷표지

국자, 달팽이, 문어, 바게트(빵), 볼링핀, 숫자 2,
알파벳 B, 오이, 종이비행기, 칫솔

다른그림찾기
정답

p.14

p.24

숨은그림찾기 원정대 03 세계축제 ⓗ

ⓒ유재영 2021

초판1쇄 인쇄 2021년 7월 5일
초판1쇄 발행 2021년 7월 26일

지은이 유재영

펴낸이 김재룡
펴낸곳 도서출판 슬로래빗

출판등록 2014년 7월 15일 제25100-2014-000043호
주소 (04790) 서울시 성동구 성수일로 99 서울숲AK밸리 1501호
전화 02-6224-6779
팩스 02-6442-0859
e-mail slowrabbitco@naver.com
블로그 http://slowrabbitco.blog.me
포스트 post.naver.com/slowrabbitco
인스타그램 instagram.com/slowrabbitco

기획 강보경   편집 김가인   디자인 변영은 miyo_b@naver.com
사진 ⓒwikimedia ⓒdepositphotos ⓒshutterstock ⓒalamy

값 10,800원
ISBN 979-11-86494-67-7 13690

KC마크는 이 제품이
공통안전기준에 적합
하였음을 의미합니다.

제조사명 슬로래빗   제조국명 대한민국
전화번호 02-6224-6779   주소 서울시 성동구 성수일로 99 서울숲AK밸리 1501호
제조년월 발행일에 표기   사용연령 5세 이상